松井家のおもてなしごはん

おいしい！とホムパで評判のレシピ

松井美緒

Mio
COOK

世界文化社

ようこそ！
松井家の食卓へ

我が家にはたくさんの人が遊びに来てくれて、みんなで
テーブルを囲みます。もちろん私も一緒に。おうちごは
んのよいところは、リラックスできて人との距離をグンと
縮められるところ。そのためには、肩肘張らないふだんの
ごはんで、私らしいおもてなしを心がけています。「まだ
帰りたくないなあ」そんなふうにいわれるととってもうれ
しい。それは心から楽しんでくれたということだからです。

松井家の
おもてなしごはんは
いつもこんな感じ

1

ゲストと一緒に
テーブルを囲みます

私がホムパで心がけていることは、ゲストのかたとともにテーブルを囲むこと。事前にできる準備はすべて済ませます。だからこそ出来立ての音や香りはいちばんのごちそう！　オーブン料理を天板のままテーブルへ運べば、台所にいる時間も減らせて一石二鳥です。一緒に楽しむこともおもてなしのひとつです。

料理が並んだ
テーブルをイメージして

私がたくさんの料理を作るモチベーションは、喜んでほしいという気持ちと、テーブルをデザインするように料理を並べることが好きだということです。作る料理が決まったら、器を並べてみます。こうすることで出来上がった状態を具体的にイメージすることができ、またあわてずにゲストを迎えられます。

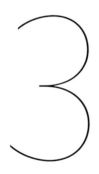

好きなアイテムや色で
自分らしさをトッピング

最後の仕上げは自分らしさと遊び心です。お気に入りのアイテムや、差し色をちょい足しすることでオリジナルなテーブルが完成！ 鮮やかで表情豊かなフルーツや、キラキラと光を受けるガラスの器、ナチュラルなボード…テーブルに映えるなと思ったら、既成概念にとらわれず、自分なりに楽しんでみます。

CONTENTS

ようこそ！松井家の食卓へ　2

松井家のおもてなしごはんは
いつもこんな感じ　4
1 ゲストと一緒にテーブルを囲みます
2 料理が並んだテーブルをイメージして
3 好きなアイテムや色で自分らしさをトッピング

この本の決まり　13

MAIN メインはあつあつのうちに
テーブルへ　14

スペアリブのロースト コチュジャン風味　16
目玉焼きのせ煮込みハンバーグ　18
鶏肉のハーブ焼き　20
サムギョプサル　21
焼き餃子5種　22
　　基本の餃子／みょうが＆しそ餃子／キムチ餃子／
　　パクチー餃子／オリーブ＆ポルチーニ茸餃子
ビーフシチュー　25
ごろごろポトフ　26
鶏肉とひよこ豆のトマト煮 カレー風味　28
アクアパッツァ　30

SALAD サラダは組み合わせや食感、味にサプライズを 34

フルーツと生ハム、チーズのサラダ　36

ケールのサラダ　38

豆のサラダ　39

目玉焼きのせポテトサラダ　40

かぶのサラダ　42

マッシュルームのサラダ　42

クレソンとパクチー、たくあんのサラダ　44

白菜とじゃこのライムサラダ　45

APPETIZER 「これ食べて待ってて」ゲストが喜ぶ簡単おつまみ 52

牛しゃぶのエスニック風　54

アヒージョ3種　56
オイルサーディンのアヒージョ／
ブロッコリーとしらすのアヒージョ／かきのアヒージョ

たこのカルパッチョ　58

カマンベールチーズフォンデュ　59

バーニャカウダ　60

アスパラガスの目玉焼きのせ　62

トマトのロースト　63

枝豆のガーリック炒め　64

オリーブのフライ　65

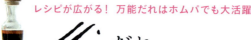

レシピが広がる！ 万能だれはホムパでも大活躍

Mioだれ 76

- プルコギ 77
- 豚肉と大根の煮もの 78
- 鶏肉のから揚げ 79
- 麻婆焼きそば 80
- ドライカレー 81

味が決まるから手軽に一品追加できる

お気に入り調味料 82

トリュフ塩・トリュフパウダー／クレイジーソルト／ペペロンチーノパウダー

NABE 鍋を囲んでわいわい 84

- スパークリングワイン鍋 86
- しじみだしの豚しゃぶ 88
- あさりと昆布だしの大根しゃぶしゃぶ 90
- 鶏つくね鍋 92

STOCK 便利な手作り食品 98

- 玉ねぎのマリネ 100
  - **玉ねぎのマリネで…**
    生ハムと玉ねぎのサラダ／付け合わせ／ホットドッグ
- ピクルス 102
  - みょうが／パプリカ／きゅうり／プチトマト／青唐辛子／枝豆
- トマトのオリーブ油漬け 104
  - **トマトのオリーブ油漬けで…**
    トマトそうめん／たことオリーブのトマト和え 106
- トマトジャム 105
- ブルスケッタ２種の盛り合わせ 107
- フルーツのシロップ漬け 108
- ナッツのはちみつ漬け 109

おもてなしごはんの味方 ❶ ミートソースはたっぷり作って
いつでもスタンバイ 32

ミートソース 32

ミートソースを使って…
mio流ラザニア／なすのミートソース焼き 33

❷「ソースとたれ」があればすぐおつまみに 66

チーズソース 66

チーズソースを使って… チーズフォンデュ／パングラタン

薬味だれ 67

薬味だれにプラスして… 薬味だれ＋海鮮／薬味だれ＋酢

Mio LABO おもてなし術

❶ 線を意識したテーブル作り 46

線の作り方と位置決め 48
器を足してバランスを取る 49
線を意識した盛りつけとテーブル 50

❷ ガラスとボードをきかせる 68

ボードとガラスの使い方いろいろ 72
お猪口 74

❸ ホムパを盛り上げるライブ感 94

ホムパが盛り上がるちょっとした趣向 96

この本の決まり

材料と分量について
・小さじ1は5㎖、大さじ1は15㎖、1カップは200㎖です。
・酒は日本酒、砂糖は上白糖、こしょうは白こしょう、
　バターは有塩を使用しています。
・特にことわり書きがなければ、野菜は通常皮をむいて使用するものはむき、
　種類によっては芯や種を除きます。きのこ類は石づきを切り落とします。
・材料の人数分は目安です。料理によっては作りやすい量で表記しています。
・付け合わせはそのときに手に入るものをご用意ください。
　写真の付け合わせは材料と異なる場合があります。

作り方について
・電子レンジは600Wを使用しています。
・オーブンはガスオーブンを使用しています。
　個体差がありますので、ご家庭でお使いのものに合わせて、
　様子を見ながら温度や時間を調整してください。
・圧力鍋は高圧、低圧を選べるものを使用しています。
　お使いの機種の取り扱い説明書をよくご覧のうえご判断ください。

メインは
あつあつのうちに
テーブルへ

人数によっては大量に仕込む必要があるメインディッシュ。

無理なくあつあつを召し上がっていただくためには、温め

直しができるもの、オーブンや圧力鍋など調理器具におま

かせできるものがおすすめです。そのほか、バリエーショ

ンで楽しめる餃子や、食べ方を工夫したサムギョプサルな

ど話題性抜群でゲストのかたに喜んでもらえます。

MAIN

IDEA 1

天板のままテーブルへ

スペアリブのロースト コチュジャン風味

大きめのスペアリブでぐっとおもてなし感が増します。

材料(12本分)
豚スペアリブ…大12本(約1.8kg)
漬けだれ
- しょうゆ…大さじ4
- ごま油…大さじ3½
- 砂糖…大さじ3
- 酒…大さじ2
- コチュジャン…大さじ2
- 白すりごま(粗くする)*…大さじ3
- にんにく(みじん切り)…1片分
- しょうが(みじん切り)…1かけ分
- 小ねぎ(小口切り)…5本分

★すり鉢で軽く香る程度にする。

作り方

1 保存袋に漬けだれの材料を合わせて混ぜ、豚スペアリブを入れて全体にからませ、冷蔵庫でひと晩(最低6時間)おく。

○袋の空気を抜いて閉めると、肉全体に漬けだれがからみます。このまま冷凍で1か月間もちます。

2 オーブンを200℃に予熱する。天板に1を並べて漬けだれをかけ、オーブンで30〜40分焼く。表面がこんがり焼き上がったらそのままテーブルへ。

焼く前に漬けだれを少しかけておくと、香ばしく焼き上がります。

 LABO

漬け込んだ肉を煮込むと「スペアリブのコチュジャン煮」になります。漬けだれを倍量にし、水250mlとともに圧力鍋に入れて高圧で25分加圧すれば出来上がり。

IDEA 2

目玉焼きのせ煮込みハンバーグ

煮込みなら作っておいても温め直せるからおもてなし向き。

目玉焼きは1個ずつラップで包んで重ねておく

材料(4人分)
肉だね
　合いびき肉…300g
　玉ねぎ(みじん切り)…200g
　バター…15g
　パン粉…大さじ4
　牛乳…30㎖
　A 卵…½個
　　にんにく(すりおろし)…小さじ2
　　ナツメグ…小さじ¼
　　塩・こしょう…各少量
ソース
　玉ねぎ(みじん切り)…100g
　バター…15g
　水…160㎖
　赤ワイン…大さじ3
　ビーフシチューの素*…¼箱
　トマトケチャップ…大さじ2
　とんかつソース…大さじ1
目玉焼き…4個
サラダ油…小さじ2
★S＆Bの「フォン・ド・ボー　ディナービーフシチュー」(1箱97g・5皿分)を使用。濃厚な味わいのものなら、他のメーカーのものでもOK。

作り方

1 フライパンにバター20g(肉だね用15g、ソース用5g)を熱し、肉だね用とソース用の玉ねぎを弱火であめ色になるまで炒め、⅔量を取り置いて冷ます。

2 1のフライパンにバター10gを加えて火にかけ、残りのソースの材料を加える。沸いたら弱火にして約15分煮る。

3 牛乳にパン粉を浸す。ボウルに合いびき肉を入れ、1で取り置いた玉ねぎ、牛乳に浸したパン粉、Aを加えて手でよく練る。全体にまとまったら4等分にし、ハンバーグ状に形作る。ラップで包んで冷蔵庫で約20分冷やす。
○柔らかい肉だねなので、冷やして扱いやすくします。

4 別のフライパンにサラダ油を熱し、3を並べて中央を軽くへこませる。中火で両面に焼き色をつけ、2に加えて蓋をして約10分煮込み、目玉焼きをのせる。

白身が白っぽくなったら、水を加えて蓋をしてしばらく蒸し煮にします。

Mio LABO

ホムパのときは、事前にハンバーグを煮込み、目玉焼きは焼いて1個ずつラップで包んで重ねて冷蔵庫に入れておきます。ほどよく黄身が落ちつきますよ。食べるときに目玉焼きをのせて温めましょう。

IDEA 3 ホムパでも切らずに焼いてジューシー

鶏肉のハーブ焼き

表面はカリカリ、中はジューシーに焼き上げます。

材料(2人分)
鶏もも肉…1枚(約280g)
A オリーブ油…大さじ1
　にんにく(薄切り)…1片分
　赤唐辛子(種を除く)…1本
　ローズマリー(生)…1枝
オリーブ油…大さじ1
クレイジーソルト…ふたつまみ
レモン(1cm厚さの輪切り)…1個
好みのサラダ(または生野菜など)…適量

作り方

1 鶏もも肉は厚い部分に包丁で切り目を入れて開く。
○臭みが気になる場合はポリ袋に入れて酒大さじ1をからめ、5分ほどおき、ペーパータオルで水気を拭いてください。

2 フライパンにAを入れて弱火にかけ、香りが立ったら1を皮目を下にしてフライパンに入れ、クレイジーソルトひとつまみをふる。蓋をして弱火で約6分焼き、裏返してクレイジーソルトひとつまみをふり、オリーブ油を加える。

3 中火にして蓋をせずに1〜2分焼き、再び返して1〜2分、両面をカリッと焼き上げる。器に盛ってレモン、好みのサラダを添える。

サムギョプサル

きゅうりや長ねぎは長いまま切ると新鮮な印象に。

IDEA 4　食べやすく肉と薬味をセットに

材料（4人分）
豚ばら焼き肉用肉…16枚
塩・こしょう…各適量
サラダ油…適量
薬味
　キムチ…適量
　長ねぎ…20cm
　きゅうり…2本
　えごまの葉…16枚
薬味だれ(→p.67)*…80ml
＊海鮮をプラスしたものもおすすめ。

作り方
1 長ねぎときゅうりは長さを半分に切り、縦10～12等分に切る。器にえごまの葉を数枚並べる。豚ばら焼き肉用肉の両面に塩、こしょうを各少量ずつふる。
2 プルコギ鍋にサラダ油を熱し、1の豚肉を数枚焼く。両面をこんがり焼き、えごまの葉にのせる。キムチ、長ねぎ、きゅうりをそれぞれ少量ずつのせ、薬味だれを添える。残りも同様に焼いて食べる。
○プルコギ鍋の代わりにホットプレートでも。その場合は途中で脂を拭き取ります。

IDEA 5 具材がわかるようにトッピング

みょうが＆しそ餃子
→p.24

キムチ餃子
→p.24

焼き餃子5種

基本の餃子のあんを作ればアレンジも簡単です。それぞれたれを準備してホムパ感アップ。

女子会で人気！
いろんな味を少しずつ食べたい
オンナゴコロをくすぐります。

22
MAIN

オリーブ&
ポルチーニ茸餃子
→p.24

パクチー餃子
→p.24

基本の餃子

材料(40個分)
あん
　豚ひき肉…250g
　しょうが(すりおろし)…小さじ1
　mioだれ(→p.76)…大さじ2
　長ねぎ(みじん切り)…1/6本分
　にら(細かく切る)…15本分
　キャベツ(みじん切り)…100g
餃子の皮…40枚
ごま油…大さじ2/3

作り方

1 あんを作る。ボウルに豚ひき肉、しょうが、mioだれを入れて手でしっかり練り混ぜる。粘りが出たら、残りの材料を加えて均一に混ぜ、餃子の皮で包む。

2 フライパンにごま油を熱し、1を並べる。中火で軽く焼き色がついたら餃子の半分の高さまで水を注ぎ入れ、蓋をして火を弱め、蒸し焼きにする。

3 水分がほぼなくなったら蓋を開け、残った水分を飛ばし、パリッとさせる。
● 羽根付きにする場合は、水分を飛ばしたあと水溶き片栗粉を回し入れてパリッとさせます。

みょうが＆しそ餃子

材料（8個分）
基本の餃子のあん（→p.23）…⅕量
みょうが（みじん切り）…½個分
青じそ（みじん切り）…2枚分
餃子の皮…8枚
ごま油…少量
飾り用
| 青じそ…8枚
| みょうが（せん切り）…適量
| 白いりごま…適量
たれ：ポン酢しょうゆ…適量

作り方
基本の餃子のあんにみょうがと青じそを入れて混ぜ、基本の餃子と同様に包んで焼く。器に飾り用の青じそを敷いて餃子をのせ、みょうがと白いりごまをのせる。

キムチ餃子

材料（8個分）
基本の餃子のあん（→p.23）…⅕量
キムチ（みじん切り）…20g
餃子の皮…8枚
ごま油…少量
飾り用
| キムチ（粗く刻む）…適量
| 青じそ（せん切り）…適量
たれ：薬味だれ（→p.67）…適量

作り方
基本の餃子のあんにキムチを入れて混ぜ、基本の餃子と同様に包んで焼く。器に盛ってキムチと青じそをのせる。

パクチー餃子

材料（8個分）
基本の餃子のあん（→p.23）…⅕量
パクチー（みじん切り）…4本分
餃子の皮…8枚
ごま油…少量
飾り用：パクチー…適量
たれ：ナンプラー・レモン…各適量

作り方
基本の餃子のあんにパクチーを入れて混ぜ、基本の餃子と同様に包んで焼く。器に盛ってパクチーをのせる。たれはナンプラーにレモンをお好みの量搾る。

オリーブ＆ポルチーニ茸餃子

材料（8個分）
基本の餃子のあん（→p.23）…⅕量
オリーブ（種なし。みじん切り）…3粒分
ポルチーニ茸（乾燥。薄切り）…3〜4枚
A ディル（生。みじん切り）…1½本分
| トリュフ塩（またはクレイジーソルト）
| …ひとつまみ
| こしょう…適量
餃子の皮…8枚
オリーブ油…少量
飾り用：オリーブ（輪切り）…適量
たれ：バルサミコ酢…適量

作り方
ポルチーニ茸は水でもどして細かく刻む。基本の餃子のあんに、ポルチーニ茸、オリーブ、Aを加えて混ぜ、餃子の皮で包む。フライパンにオリーブ油を熱し、基本の餃子と同様に焼いて器に盛り、オリーブをのせる。

IDEA 6 はちみつでコク出し

ビーフシチュー

お箸で切れるくらい柔らかく仕上げ、かたまりのまま供します。

材料(3〜4人分)
牛すねかたまり肉…500g
玉ねぎ(みじん切り)…1個分
にんにく(みじん切り)…1片分
小麦粉…適量
バター…20g
A ホールトマト缶…1缶(400g)
 赤ワイン…½カップ
 水…2カップ
 ローリエ…2枚
B はちみつ…大さじ1
 デミグラスソース缶*…1缶(290g)
 中濃ソース…大さじ1
 トマトケチャップ…大さじ1
生クリーム…大さじ3
塩・こしょう…各適量
サラダ油…大さじ1
付け合わせ(好みで)
 じゃがいも(ゆでたもの)、クレソンなど
 の葉もの…各適量
仕上げ用:生クリーム…少量
★ハインツのものを使用。

作り方

1 牛すねかたまり肉に塩、こしょうをふって小麦粉をまぶして余分な粉をはたく。フライパンにサラダ油を熱し、強火で牛肉の表面に焼き色をつける。

2 圧力鍋にバターを入れて中火にかけて溶かし、玉ねぎ、にんにくを炒める。玉ねぎが透き通ったら、1、Aを加えて軽く混ぜて蓋をし、30分加圧する。
○圧力の高低が選べる鍋の場合は、高圧(肉用)にセットしてください。

3 Bを加えて混ぜ、加圧せずに弱火で15分煮る。塩、こしょうで味をととのえ、生クリームを加えて火を止める。付け合わせとともに器に盛り、仕上げ用生クリームをかける。

IDEA 7

丸ごと野菜で迫力抜群

ごろごろポトフ

圧力鍋で段階的に加圧して
野菜はくずれず肉はとろとろに。

材料(4〜5人分)
豚ばらかたまり肉…600g
A しょうが(薄切り)…1かけ分
　長ねぎの青い部分…1本分
水…7カップ
じゃがいも…大2個
にんじん…1本
玉ねぎ…1個
キャベツ…1/4個
ブロッコリー…1株
ソーセージ…5本
コンソメスープの素(固形)…2個
塩・こしょう…各適量

作り方

1 圧力鍋に豚ばらかたまり肉、Aを入れ、水をひたひたに加えて加圧せずに強火にかける。沸いたら湯をすべて捨て、分量の水を加えて蓋をし、火にかけて15分加圧する。
◦圧力の高低が選べる鍋の場合は、高圧(肉用)にセットしてください。

2 じゃがいも、にんじんを加えて蓋をし、再び火にかけて低圧で10分加圧する。玉ねぎ、キャベツ、ブロッコリー、ソーセージ、コンソメスープの素を加えて火にかけ、加圧せずに弱火で15分煮る。塩、こしょうで味をととのえる。野菜は大きめに切って盛りつける。

 LABO

野菜を丸ごと煮ると旨みが逃げにくくておいしくできますよ。

26
MAIN

IDEA
08

カレー粉のダブル使いでスパイシーに

鶏肉とひよこ豆のトマト煮　カレー風味

LAの友人から教わったレシピ。カレー風味でご飯にもよく合います。

材料(2〜3人分)

鶏もも肉…1枚(200〜250g)
　A塩・こしょう…各少量
　│カレー粉…大さじ1
ひよこ豆(水煮)…270g(固形量)
にんにく(みじん切り)…1片分
しょうが(みじん切り)…1かけ分
玉ねぎ(粗みじん切り)…1/2個分
　Bダイスカットトマト缶…1缶(400g)
　│水…400mℓ
　Cカレー粉…小さじ1
　│コンソメスープの素(固形)…1個
サラダ油…小さじ1
塩…適量
飾り用：イタリアンパセリ…少量

作り方

1 鶏もも肉は1.5cm角に切ってAをもみ込む。大きいフライパンにサラダ油を熱し、鶏肉を中火で炒める。こんがり焼き色がついたら取り出す。

2 1のフライパンでにんにく、しょうがを炒め、香りが立ったら玉ねぎを加えて炒める。玉ねぎの縁が軽く色づいてきたらBを加える。

3 煮立ったら1の鶏肉を戻し入れ、ひよこ豆、Cを加えて汁気がほぼなくなるまで煮る。塩で味をととのえる。

●カレーのようにご飯と盛って食べてもおいしい。イタリアンパセリを添えて。

IDEA 9 魚料理も圧力鍋で時短

アクアパッツァ

圧力鍋なら白ワインにぴったりなイタリア料理が火にかけて10分！

材料(2〜3人分)
小鯛…1尾
あさり(殻付き)…200g
プチトマト…6個
アンチョビ(フィレ)…2枚
にんにく(薄切り)…2片分
A 白ワイン…150ml
　ローズマリー(生)*…1枝
　赤唐辛子(種を除いて粗く刻む)…1本分
オリーブ油…大さじ3
塩・こしょう…各少量
*タイムでも可。2種入れてもおいしい。

作り方

1 あさりは海水程度の塩水(約3％)に浸し、冷暗所で約3時間砂抜きする。こすり洗いして汚れを取る。小鯛は内臓を取り除いてうろこをひき、塩、こしょうをふって30分〜1時間おき、水気を拭く。

2 圧力鍋にオリーブ油を熱し、アンチョビ、にんにくを香りが立つまで炒める。

3 1、プチトマト、Aを加えて蓋をし、6〜8分加圧する。

◦圧力の高低が選べる鍋の場合は、低圧(魚介用)にセットしてください。

一尾魚はスーパーの鮮魚コーナーで下処理してもらうとラクラク〜。

Mio LABO

残った煮汁は魚介の旨みがたっぷり。捨てるなんてもったいない！ 火にかけてゆでたパスタを和え、ガーリックパウダーや塩、こしょうで味をととのえます。

切り身でも同様に作れます。

おもてなしごはんの味方 ❶

ミートソースは
たっぷり作っていつでもスタンバイ

ミートソースはパスタだけでなく、煮込みやオーブン料理にも便利。
一度にたっぷり作り、小分けにして冷凍しておくと、ホムパの一品として重宝しますよ。

ミートソース

材料(作りやすい量)
合いびき肉…500g
にんじん(みじん切り)…½本分
玉ねぎ(みじん切り)…大１個分
にんにく(みじん切り)…２片分
クレイジーソルト…小さじ２
ナツメグ…小さじ½
A ホールトマト缶…２缶(800g)
　 赤ワイン…½カップ
　 コンソメスープの素(固形)…１個
　 バター…20g
　 塩…小さじ１
　 ローリエ…２枚
オリーブ油…大さじ１
塩・こしょう…各適量

作り方

1 フライパンにオリーブ油、にんにくを入れて中火にかけ、香りが立ったら合いびき肉を炒める。ひき肉の色が変わったら、にんじん、玉ねぎを加えて玉ねぎがしんなりするまで全体に炒める。

2 クレイジーソルト、ナツメグを加えて全体に炒め混ぜ、Aを加えて混ぜる。沸いたら弱火にして蓋をせず、約20分煮込み、味をみて足りなければ塩、こしょうで味をととのえる。

◎冷蔵で３日間、冷凍で１か月間もちます。

MAIN

ミートソースを使って…

mio 流ラザニア
スープパスタのように楽しんで。

材料(2人分)
ミートソース(→p.32)…2カップ
生クリーム…1/2カップ
ラザニア(乾燥)…2枚
シュレッドチーズ…適量

作り方

1 ラザニアは表示通りにゆでて水気をきる。オーブンを200℃に予熱する。

2 小さい鉄鍋2つにミートソース、生クリームを半量ずつ入れ、火にかけて混ぜながら温める。

◉ 小さい鉄鍋がなければ、鍋で温めて浅めの耐熱容器に入れます。

3 火を止めて1を1枚ずつ入れ、シュレッドチーズをかけてオーブンで15〜20分、チーズがこんがり色づくまで焼く。

◉ 大勢のときは、耐熱容器にラザニアとソースを層にして入れて焼きます。

なすのミートソース焼き
なすとミートソースは相性抜群。

材料(2〜3人分)
なす…2本
クレイジーソルト…ひとつまみ
ミートソース(→p.32)…1カップ
シュレッドチーズ…適量
ローズマリー(生)…1/2枝
オリーブ油…大さじ1

作り方

1 なすは縦半分に切る。鉄鍋にオリーブ油大さじ2/3を熱し、なすの両面を軽く焼き、クレイジーソルトをふる。オーブンを200℃に予熱する。

◉ 耐熱容器を使用する場合は、フライパンでなすを焼いてください。

2 1にミートソース、シュレッドチーズ、ローズマリーをのせ、オリーブ油大さじ1/3を回しかけ、オーブンで約15〜20分、チーズがこんがり色づくまで焼く。

MAIN

サラダは組み合わせや食感、味にサプライズを

旬の野菜で自由に楽しめるサラダはあまり堅苦しく考えず、

組み合わせの妙とアクセントになる味を考えて作ります。

素材の色や大きさも仕上がりを左右しますから、色の組み

合わせや切り方も出来上がりをしっかりイメージして。

定番のポテトサラダも味や食感でメリハリを、盛りつけで

サプライズを、そしてテーブルでわいわい仕上げます。

SALAD

IDEA 10

フルーツと生ハム、チーズのサラダ

生ハムやフルーツはガラスの器に盛るとキラキラと光って見えます。

甘みの強いフルーツに硬質チーズを

材料(2人分)
生ハム(食べやすく切る)…2枚分
コンテチーズ(8mm角に切る)＊1…15g
いちじく(8mm角に切る)…1個分
なし(8mm角に切る)＊2…1/4個分
ミントの葉…8〜10枚
塩・こしょう…各少量
オリーブ油…大さじ1
＊1 フランスの硬質チーズ。パルミジャーノ・レッジャーノチーズでも可。
＊2 ももや柿でも可。

作り方
生ハム、コンテチーズ、いちじく、なし、ミントの葉をボウルに入れ、塩、こしょう、オリーブ油をふって手で底から返すように混ぜる。

Mio LABO

フルーツは季節のものを使ってください。私は柿1/2個とざくろ10〜15粒の組み合わせでもよく作ります。こちらも白ワインやスパークリングワインに合うんですよ。

36
SALAD

IDEA
11

隠し味はタバスコ

IDEA 12
急な来客には常備食材が便利

ケールのサラダ
市販のドレッシングも
ひと味でグッと変わります。

材料(2人分)
ケール(食べやすくちぎる)…4〜5枚分
ドライフルーツ(レーズンなど)…25g
ローストナッツ
　(くるみ、スライスアーモンドなど)…15g
しょうゆベースのドレッシング(市販)
　…大さじ2
タバスコ…2〜4滴

作り方
くるみは粗くくだく。ボウルにケール、ドライフルーツとローストナッツを入れて軽く混ぜる。しょうゆベースのドレッシング、タバスコを加えて和える。

Mio LABO
ドレッシングを手作りするなら、しょうゆ大さじ2、ごま油大さじ1½、ホワイトバルサミコ酢・白いりごま・砂糖各大さじ1、にんにく(すりおろし)小さじ¼、タバスコ少量を混ぜたものを大さじ2使います。

豆のサラダ
夏はカクテルグラスの下に氷を入れて
冷え冷えに。

材料(2〜3人分)
ミックスビーンズ(缶詰)…100g
A ピクルス(みじん切り)*…30g
　マヨネーズ…大さじ2
　オリーブ油…小さじ2
　塩・こしょう(好みで)…各適量
パセリ(乾燥)…適量
*きゅうりやセロリ、にんじん、パプリカなど好みのもの。

作り方
ミックスビーンズはざるにあげて水気をきり、Aとともにボウルに入れて和える。器に盛ってパセリを散らす。

Mio LABO
豆類、ピクルス、乾燥のパセリを常備しておけば、急な来客でもあわてずパパッと作れますよ。

SALAD

IDEA 13

具材を重ねてデザインする

目玉焼きのせポテトサラダ

定番サラダも見た目でサプライズ！　混ぜてライブ感！

材料(3〜4人分)
じゃがいも…5個(600g)
ベーコン(ブロック)…100g
ミックスビーンズ(缶詰)…100g
A 塩…ふたつまみ
　オリーブ油…小さじ1
卵…2個
目玉焼き…1個
きゅうり(薄い輪切り)…1本分
B 万能ドレッシング(→下)＊…大さじ5
　マヨネーズ…大さじ5
　バター(常温にもどす)…10g
　ガーリックソルト…小さじ1
　こしょう…適量
塩…適量
サラダ油…適量
＊市販のフレンチドレッシングでも代用可。

作り方

1 じゃがいもは串がすっと通る程度にゆでて水分を飛ばし、塩ひとつまみをふって軽くつぶす。卵はゆでて粗くつぶす。ベーコンは8mm角の棒状に切る。フライパンにサラダ油少量を熱し、ベーコンを焼き色がつくまで焼く。ミックスビーンズはざるにあげて水気をきり、Aをからめる。

2 Bは合わせてなめらかに混ぜ、**1**のじゃがいもに加えて混ぜる。

3 縦長のガラス容器に**2**のじゃがいもを⅓量平らに入れる。**1**のベーコン半量、じゃがいも⅓量、卵半量、ミックスビーンズ、じゃがいも⅓量を重ねて入れ、きゅうりを側面に貼りつける。残りの卵、ベーコンをのせ、目玉焼きをのせる。

○食べる直前にテーブルで混ぜます。

万能ドレッシング

材料(作りやすい量)
白ワインビネガー…大さじ2½
オリーブ油…150ml
エシャレット(すりおろし)
　…1本分
にんにく(すりおろし)…½片分
マスタード…小さじ¼
塩…小さじ½
こしょう…少量

作り方
すべての材料を合わせてよく混ぜる。

○冷蔵で約4日間もちます。

重ねる順序に決まりはありませんが、じゃがいもは分けて層にしたほうが混ざりやすいですよ。たっぷり作るときは、きゅうりや豆を分けることも。デザインする感覚で重ねていきます。

混ぜて、混ぜて！

SALAD

IDEA 14 生ハムの旨みと色がアクセント

IDEA 15 プロの味と技を教科書に

かぶのサラダ

食べる直前に和えて、かぶのシャキシャキ感を楽しんで。

材料(4人分)
かぶ(葉付き)…3個
生ハム…5〜6枚
キャベツ…90g
ドレッシング
　マヨネーズ…大さじ4
　オリーブ油…大さじ2
　アンチョビ(フィレ。みじん切り)…2枚分
　塩・粗びき黒こしょう…各少量
　レモン汁(好みで)…適量

作り方
1 かぶは茎を約8cm長さに、実を5mm厚さに切る。生ハムは食べやすく切り、キャベツはざく切りにする。

2 ボウルに1を入れて軽く混ぜる。別のボウルにドレッシングの材料を合わせて混ぜ、食べる直前に和える。

かぶは茎もおいしいから捨てずに食べてみて！

マッシュルームのサラダ

レストランで食べた味を思い出して作ってみます。こちらもそう。

材料(2〜3人分)
マッシュルーム(白。3mm厚さに切る)
　…5〜6個分
エシャレット(みじん切り)…2本分
パクチー(粗く刻む)…1株分
セロリの葉(粗く刻む)…6枚分
にんにく(みじん切り)…1/2片分
A 粗塩…ふたつまみ
　こしょう…適量
　レモン汁…大さじ1
　オリーブ油…大さじ1

作り方
ボウルにA以外の材料を入れ、全体に混ぜる。Aを加えて均一に混ぜる。

Mio LABO

お店でいただく料理にはヒントがいっぱい。ときにはシェフを質問攻めにしてしまうことも。なんとか再現したいとキッチンであれこれ試してみます。まさにミオラボ(笑)。素敵な盛りつけにもワクワクして創作意欲が湧いてきます。

IDEA 16
食感の取り合わせを楽しむ

クレソンとパクチー、たくあんのサラダ
たくあんのカリカリとクレソンのシャキシャキでおいしさも倍増。

材料(3〜4人分)
たくあん(細切り)…30〜40g
クレソン(ざく切り)…2束分
パクチー(ざく切り)…2株分
白いりごま…大さじ1½
オリーブ油…大さじ3
レモン汁…大さじ1
カレー粉…小さじ1
ガーリックパウダー…少量
塩・こしょう…各少量

作り方
ボウルにたくあんとクレソン、パクチーを入れて軽く混ぜ、残りの材料を加えてざっくり和える。

IDEA 17

白菜とじゃこのライムサラダ
アメリカで食べたチャイニーズチキンサラダをヒントに。

山椒をピリリときかせる

材料(3〜4人分)
白菜(細切り)…3〜4枚分
ちりめん山椒*1…大さじ2
しょうが(せん切り)…1かけ分
白いりごま…大さじ1 1/2
ライム(薄い輪切り)…1/2個分
ポン酢しょうゆ*2…約大さじ3
★1 ちりめんじゃこと粗くつぶした粒山椒でも可。
★2 分量はお好みで調整する。

作り方
ボウルにポン酢しょうゆ以外の材料を入れてざっくり和え、ポン酢しょうゆを加えて混ぜる。

Mio LABO

おもてなし術 ❶

線を意識した
テーブル作り

料理のゴールは盛りつけではなく、すべて
の料理がテーブルに並んだ状態だと考えて
います。私にとって、ゲストのかたにリラッ
クスして過ごしていただくことが楽しみの
半分だとしたら、あとの半分はずらりと並
んだテーブルを作り上げること。テーブル
の上をデザインする感覚です。その際、常
にラインを意識しています。まっすぐ、また
は斜めの中心線を決めたり、器を平行に並
べたり。そうすれば、奥行きが出るとともに、
周りにほかの器をアトランダムに置いても全
体に締まった印象になります。料理を器に
盛るときにも同様にラインを意識します。

おもてなし術 ❶

$\mathcal{L}ine$ 線の作り方と位置決め

ラインの作り方でいちばんシンプルな考え方は2通りあります。
中心が決まると、周りに配する器の位置決めもスムーズです。

センターに並べる

テーブルの長辺に平行に並べます。高さの出るものは端に配して奥行きを出します。

対角線上に並べる

テーブルの対角線上に並べます。高さの出るものは中央に置き、安定感を出します。

器を足してバランスを取る

中心線が決まったら、空いているところにその他の使用する器を適宜並べてみます。中心線を作る器と器の間に組み込んだり、空いているスペースに並べたりすると、意識せずとも全体のバランスが取れます。

左の写真通りに料理を並べた状態。

どの器に何を盛るかを決めて付箋をつけておきます。またトッピングが必要なものはあらかじめ器に入れておくと「忘れてた！」「どこに片付けたっけ？」ということもなくあわてません。

器を動かすときは付箋をテーブルに貼りつけておきましょう。こうすれば家族やゲストに運んでもらっても置く場所に迷いません。

おもてなし術 ❶

線を意識した盛りつけとテーブル

同じものを縦長の器にまっすぐ並べるだけで端正に見え、きちんとした印象を与えます。

丸みのある器でも、平行に並べるとすっきりと見えます。

大皿で中心線を作らない場合でも、器のラインをすべて平行に置くだけで、まとまり感が出ます。

飲んで、食べて、笑って、わいわい！
おうちごはんバンザイ！

「これ食べて待ってて」
ゲストが喜ぶ
簡単おつまみ

乾杯！　とともに気のきいたおつまみがあるとうれしいですね。ある程度準備しておけばすぐに出せるものから、ゲストのかたの顔を見てから作り始めても間に合うもの、たれやソースを作っておけばいいものまでいろいろ。共通するのはお酒に合うこと！　チーズフォンデュが1分で、いつもの枝豆がワインにぴったりに、とアイデアも豊富です。

APPETIZER

IDEA 18

牛しゃぶの
エスニック風

牛肉をさっぱり食べられます。
辛口のスパークリングワインにぴったり。

紫・緑・白で大人っぽいコントラストに

材料(3〜4人分)
牛ばら薄切り肉*…200g
紫玉ねぎ…½個
パクチー…1株
マッシュルーム(白)…5個
A レモン汁…大さじ2
　　ナンプラー…小さじ1
　　砂糖…大さじ1
　　塩・こしょう…各少量
オリーブ油…大さじ2
飾り用：赤唐辛子(種を除いて粗くちぎる)
　…1本分
★切り落とし肉でも可。

作り方

1 鍋に湯を沸かし、牛ばら薄切り肉をさっとゆでて氷水に取る。すぐに水気をきる。

2 紫玉ねぎは薄切りにして水にさらし、水気を絞る。パクチーは葉と茎に分けて茎をざく切りにする。マッシュルームは薄切りにする。

3 大きいボウルにAの材料を順に入れてよく混ぜて溶かす。オリーブ油を加えてしっかり混ぜる。食べる直前に1、2を加えて和え、器に盛って赤唐辛子を飾る。

APPETIZER

APPETIZER

IDEA 19

ミニサイズの鉄鍋をそのまま食卓へ

アヒージョ3種

小さな鍋に材料を入れてグツグツするだけでワインのおつまみに。

オイルサーディンのアヒージョ

材料(2〜3人分)
オイルサーディン…1缶(105g。固形量75g)
にんにく(薄切り)…1片分
赤唐辛子(種を除いて小口切り)…2本分
マッシュルーム(薄切り)…5〜6個分
オリーブ油…大さじ3
塩・こしょう…各少量

作り方

1 オイルサーディンは食べやすく割り、缶の油とともに鉄鍋に入れる。

2 にんにくからオリーブ油までの材料をすべて加え、弱火で約5分熱する。味をみて足りなければ塩、こしょうで味をととのえる。

 LABO

アヒージョには必ずパンを添えます。魚介の旨みが移った油をつけるだけでもおつまみになりますよ。にんにくたっぷりでもみんなで食べれば怖くない(笑)。ここで使っている鉄鍋は直径18cmです。

APPETIZER

ブロッコリーとしらすのアヒージョ

材料(2～3人分)
ブロッコリー…1/2株(約170g)
しらす…30g
アンチョビ(フィレ。みじん切り)…2枚分
にんにく(薄切り)…1片分
赤唐辛子(種を除いて小口切り)…2本分
オリーブ油…80ml
飾り用：赤唐辛子(小口切り)…適量

作り方
1 ブロッコリーは固めに塩ゆでし(分量外)、ざるにあげて水気をきる。

2 鉄鍋にアンチョビ、にんにく、赤唐辛子、オリーブ油を入れて弱火にかける。香りが立ったら1を加えてさっと油をからませる。

3 しらすを加えてすぐに火を止め、飾り用の赤唐辛子を散らす。

かきのアヒージョ

材料(2～3人分)
生がき(むき身)…10個
塩…適量
にんにく(薄切り)…1片分
赤唐辛子(種を除く。小口切りでも可)
　…2～3本
オリーブ油…80ml
クレイジーソルト…小さじ1

作り方
1 生がきは海水程度の塩水(3％)でよく洗って水気をきり、水気を拭く。

2 鉄鍋ににんにく、赤唐辛子、オリーブ油を入れて弱火にかけ、香りが立ったら1を加える。油をからめて火を通し、クレイジーソルトで味をととのえる。

IDEA 20
彩りに糸唐辛子を

たこのカルパッチョ

食べる直前に調味料やトッピングをふるだけ。

材料(2～3人分)
水だこ(そぎ切り)…130～150g
A オリーブ油…大さじ1
　岩塩…ふたつまみ
　レモン汁(またはライム汁)…1/2個分
小ねぎ(小口切り)…3～5本分
糸唐辛子…適量

作り方
水だこはそぎ切りにして器に並べる。Aをふりかけて小ねぎ、糸唐辛子を散らす。

 LABO

韓国風に仕上げるなら、ごま油、しょうゆ各大さじ1、砂糖小さじ1/2、豆板醤小さじ1/6～1/4、にんにく(すりおろし)小さじ1/4、しょうが(すりおろし)少量を混ぜてかけます。67ページの薬味だれをかけてもおいしいですよ。

APPETIZER

カマンベールチーズフォンデュ

赤ワインにぴったりなおつまみがびっくりするほど簡単に。

IDEA 21 手軽に電子レンジ加熱

材料(2〜3人分)
カマンベールチーズ…1個
好みの野菜
　グリーンアスパラガス、さつまいも(ともにゆでる)、マッシュルーム、プチトマトなど…各適量
パン(好みのもの)…適量
塩・こしょう…各少量
ベビーリーフ…適量
トリュフパウダー(好みで)…少量

作り方

1 カマンベールチーズの上部を薄く切り取り、塩、こしょうをふる。ラップをかけて電子レンジででとろりとするまで約1分加熱し、器に盛る。

2 好みの野菜やパンを食べやすく切って、ベビーリーフとともに1に盛って、好みでチーズにトリュフパウダーをふる。

APPETIZER

IDEA 22 バーニャカウダ

ポン酢しょうゆと柚子こしょう入りで後味さっぱり。

和テイストでどんなお酒とも好相性

材料(2〜3人分)
にんにく(すりおろし)…小さじ1/2
アンチョビ(フィレ。みじん切り)…1枚分
オリーブ油…大さじ3
A マヨネーズ…大さじ1
　ポン酢しょうゆ…大さじ1
　柚子こしょう…小さじ1/4
B ホワイトソース(市販)…大さじ2
　生クリーム…大さじ2
　シュレッドチーズ…大さじ1
　にんにく(すりおろし)…小さじ1/4
好みの野菜
　グリーンアスパラガス(ゆでる)、きゅうり、セロリ、パプリカ、プチトマト、チコリなど…各適量
飾り用：バジルの葉…適量

作り方

1 小鍋ににんにく、アンチョビ、オリーブ油を入れて中火にかける。

2 香りが立ったらAを加えてなめらかに混ぜ、Bを加えて混ぜながら温める。好みの野菜を適宜切ってソースとともに盛り、バジルの葉を飾る。

きゅうりを立てているのは小粒の乾燥豆。口の広い器でも安定しますよ。

APPETIZER

IDEA 23

とろ〜り半熟目玉焼きをソースに

アスパラガスの目玉焼きのせ

旬の味を楽しむならシンプルな調理法がおすすめ。

材料(2〜3人分)
ホワイトアスパラガス…5〜6本
卵…2個
A 塩・こしょう…各適量
　フライドガーリック…少量
　クレイジーソルト…少量
　パルミジャーノ・レッジャーノチーズ
　　(すりおろし)…大さじ1〜2
オリーブ油…少量

作り方

1 ホワイトアスパラガスは長いままゆで、水気をきって器に盛る。

2 フライパンにオリーブ油を熱し、卵を割り入れて半熟状の目玉焼きを作る。1にのせ、Aをふる。

● 塩加減はチーズの量によって調整してください。

APPETIZER

IDEA 24

トマトの底をカットして安定させる

トマトのロースト

まっすぐ配するだけで、宝石を並べているかのよう。

材料(4人分)
トマト…大2個
アンチョビ(フィレ。粗く刻む)…2枚分
玉ねぎ(粗く刻む)…¼個分
イタリアンパセリ(みじん切り)…少量
塩・こしょう…各適量
バルサミコ酢…大さじ1
オリーブ油…大さじ3

作り方

1 オーブンを200℃に予熱する。トマトは横半分に切って断面を上にし、下部を少しカットして安定させる。天板に並べてオリーブ油大さじ1を全体にかけ、オーブンで約15分焼く。

2 ボウルに玉ねぎ、オリーブ油大さじ2、塩、こしょう各少量を入れて和える。

3 1に2、アンチョビ、イタリアンパセリをのせ、バルサミコ酢をかける。

APPETIZER

IDEA 25

さやに味をつける

枝豆のガーリック炒め

ピリ辛の枝豆も新鮮！ ビールもワインもどんどん飲んで。

材料(2〜3人分)
枝豆(さや付き)…200g
Aオリーブ油…大さじ1
　アンチョビ(フィレ。みじん切り)…3枚分
　にんにく(みじん切り)…1片分
　赤唐辛子(小口切り)…1本分
塩・こしょう…各適量

作り方
1 枝豆は固めに塩ゆでする。

2 フライパンにAを入れて中火にかける。香りが立ったら1を入れて1分〜1分半、全体に油がからむように炒め合わせる。

3 塩・こしょう各少量をふってざっくり混ぜ、火を止める。

IDEA 26
味つけ不要で揚げるだけ

オリーブのフライ

揚げ上がりにガーリック塩やトリュフ塩をふっても。

材料(作りやすい量)
スタッフドオリーブ*1…10〜15粒
小麦粉…適量
とき卵…適量
パン粉(細かいもの)*2…適量
揚げ油…適量

*1 オリーブの種を除いて赤ピーマンなどを詰め、調味液に漬けたもの。アンチョビを詰めたものがおすすめ。
*2 すり鉢やフードプロセッサー、おろし金で細かくしたものを使用。時間がないときはそのままでもOK。

作り方

1 小鍋に揚げ油を170〜180℃に温める。

2 スタッフドオリーブに小麦粉、とき卵、パン粉の順につけ、カリッと揚げる。

小さなお鍋を使えばすぐ！
これ食べて待ってて♡

APPETIZER

おもてなしごはんの味方 ❷

「ソースとたれ」があればすぐおつまみに

あれもこれもとがんばって、台所とテーブルを行ったり来たりでは
ゲストのかたもゆっくりできません。
そんなときは事前に作り置きできるソースやたれが便利です。

チーズソース

市販のホワイトソースがブルーチーズと生クリームで本格味に。
チーズフォンデュは大人に、パングラタンは子どもに喜ばれます。

材料(作りやすい量)
ホワイトソース缶…1缶(290g)
生クリーム…1パック(200mℓ)
ブルーチーズ…小さじ2
にんにく(すりおろし)…小さじ1

作り方
小鍋にすべての材料を入れて弱火にかけ、混ぜながら温める。ひと煮立ちしたら火を止める。
● 子ども用にはブルーチーズを入れずに作って取り置き、大人用にブルーチーズを加えて混ぜるといいですよ。

チーズソースを使って…

チーズフォンデュ

材料と作り方
鉄鍋にチーズソース適量を入れて温める。
パンや好みの野菜をつけて食べる。

パングラタン

材料(3〜4人分)
チーズソース(上記)…半量
フランスパン…1/2本
シュレッドチーズ…1/2カップ

作り方
オーブンは200℃に予熱する。フランスパンは食べやすい大きさに切り、耐熱の器に並べる。チーズソースをかけ、シュレッドチーズを均一に散らす。オーブンで10〜15分、焼き色がつくまで焼く。

薬味だれ

薬味たっぷりでお酒がすすむたれ。
アレンジしだいで薬味だれのバリエーションが作れます。

材料(作りやすい量)
小ねぎ(小口切り)…大さじ4
にんにく(みじん切り)…大さじ1
しょうが(みじん切り)…大さじ½
白いりごま(粗くする)*…大さじ2
粉唐辛子…大さじ1
砂糖…大さじ5
しょうゆ…150ml
酒…大さじ3
塩・こしょう…各少量
★すり鉢で軽く香る程度にする。

作り方
すべての材料を合わせて混ぜる。
○冷蔵で4日間もちます。

✿ 食べ方いろいろ
冷や奴、焼きなす、ふろふき大根、白身の焼き魚、焼き肉、餃子、塩豚などにおすすめ。和風ドレッシングとしてサラダにも合います。そうめんやうどんなど冷たい麺にかけてもおいしい。

薬味だれにプラスして…

薬味だれ＋海鮮
旨みをプラスして
意外な組み合わせが楽しめます。

材料と作り方
薬味だれの白いりごまと小ねぎ以外の材料に、干し貝柱と干しえびのみじん切りを各大さじ2加え、ひと煮立ちさせる。冷めたら白いりごまと小ねぎを加える。

モッツァレラチーズにかけると意外なおいしさ。

薬味だれ＋酢
酸味をプラスして
肉料理やサラダなどさっぱり食べたいときに。

材料と作り方
薬味だれ大さじ2に酢大さじ1を足す。

Mio LABO

おもてなし術 ❷

ガラスとボードを
きかせる

陶芸が趣味の母の影響なのか、私は作家ものの器が好き。人の手で作られた温かさが感じられ、豊かな気持ちになれます。でも、そればかりを並べても全体がぼんやりとしてせっかくの良さが半減してしまいます。そこであえてシャープなプロダクトデザインのものや、異素材のものを組み合わせ、それぞれが引き立て合うテーブルを心がけます。手軽に変化をつけるなら、ガラスやボードがおすすめ。ガラスの透明感やボードの存在感は、ひとつ用いるだけでアクセントになり、ほかの器と呼応します。フラットにならないように、高低差をつけることもポイント。

Board ボード

おもてなし術 ❷

木目や色味、大きさ、形がそれぞれ違うボード。
愛嬌のある取っ手や、金属など異素材との組み合わせも味わい深い。

Glass ガラス

高さのあるガラス器は、器越しに料理がキラキラと輝きます。

透明度、厚み、ニュアンスもさまざま。季節を問わず用います。

おもてなし術 ❷

ボードとガラスの使い方いろいろ

少人数のときはそれぞれ1人分を盛って、ワンプレートとして使っても。

そうめんの薬味も2つのボードに。ざるとの相性もgood。

2〜3人分の前菜を大きめのボードにのせておつまみ盛り合わせ。

ボードならナイフが使えるので、生ハムをかたまりのままサーブできます。

Glass

グラスを逆さにしてナッツ&はちみつを。
高さとキラキラ感がゴージャス。

ガラスの保存容器は、冷蔵庫からそのまま
テーブルに出してもステキです。

ポットにプチトマトとチーズのマリネを。
ガラス越しの姿が美しい。

大人数のときは、同じ大きさのガラス容器
を並べてブッフェスタイルに。

Mio LABO

おもてなし術 ❷

Ochoko お猪口

お猪口が好きです。
素材もテイストもいろいろですが、
気に入ったものに出合うとつい手がのびていて、
いつのまにかコレクションに。
こんなふうにおかずを少しずつ盛りつけると、
楽しいおつまみプレートの出来上がり。

お猪口プレートなら
食べ過ぎません。
ダイエット中に向いてる
かも⁉

一閑人のようにのぞき込む鳥がキュート。

お酒を入れるとかめが泳いでいるよう。

レシピが広がる！　万能だれはホムパでも大活躍

mio だれ
（ミオ）

我が家でいちばん使用頻度が高いたれがこのmioだれ。甘辛くてコクと風味があり、少量でも味に深みが出ます。誕生のきっかけはプルコギの漬け込みだれ。ふと、「このたれ、ほかの料理にも使えそう！」と思い、煮ものや炊き込みご飯、焼き餃子(→p.22)などさまざまな料理に使っています。

材料（作りやすい量）
しょうゆ…150ml
酒…90ml
ごま油…90ml
砂糖…大さじ4
にんにく(すりおろし)…2片分
塩・こしょう…各少量

作り方
鍋にすべての材料を入れて火にかけ、ひと煮立ちさせて火を止める。
◦冷蔵で約10日間もちます。

mioだれで

プルコギ

夫婦そろって韓国料理好きなので、結婚当初からよく作ったメニューです。

材料(3～4人分)
牛薄切り肉…400g
玉ねぎ(5mm厚さに切る)…1個分
にら(6cm長さに切る)…1束分
にんにく(薄切り)…1片分
mioだれ(→p.76)…半量
白すりごま…大さじ3
ごま油…適量
添え野菜*
　きゅうり、ごまの葉、サンチュなど…各適量
キムチ…適量
＊にんじん、みょうが、パクチーなど。韓国海苔もおすすめ。

作り方

1 ボウルにmioだれ、白すりごまを入れて混ぜ、牛薄切り肉、玉ねぎ、にら、にんにくを加えて混ぜ、10～15分おく。
●朝、混ぜておいて夜に作ってもいいです。

2 プルコギ鍋にごま油をひいて中火にかける。香りが立ったら中央に1をすべてのせる。軽く混ぜながら火を通す。
●添え野菜やキムチとともに食べます。

Mio LABO

10日に一度は作る我が家の定番料理。野菜やご飯、キムチなどと一緒にサンチュで巻いてパクッと食べます。鍋の周囲にたまったスープは肉と野菜の旨みがたっぷり。しめにうどんを入れるとおいしいですよ。

Mioだれで

豚肉と大根の煮もの

コクのあるmioだれなら冷まして味を含ませなくてもしっかり味に。

材料（2人分）
豚ばら薄切り肉…100g
大根…1/3本
A mioだれ（→p.76）…130ml
　水…130ml
　豆板醤…小さじ1
ごま油…大さじ1
長ねぎ（粗みじん切り）…1/3本分
糸唐辛子…適量

作り方

1 大根は3cm厚さに切り、大きければ半分に切る。面取りをして、隠し包丁を入れる。

2 鍋にごま油を熱し、豚ばら薄切り肉、1を炒める。肉の色が変わったらAを加え、沸いたら弱火にし、落とし蓋をして約20分煮る。

3 大根に竹串がすーっと通ったら器に盛り、長ねぎ、糸唐辛子をのせる。

Mio LABO

豚肉は薄切り肉を使うと煮込み時間が短くてもおいしくできます。その分、大根に火が通りやすいように厚みの半分くらいまで包丁を入れておくといいですよ。

mioだれで

鶏肉のから揚げ

下味つけはmioだれだけ！ホムパには、串に刺すスタイルもおすすめ。

材料(3〜4人分)
鶏もも肉(1枚250gのもの)…2枚
mioだれ(→p.76)…大さじ5
片栗粉…適量
揚げ油…適量
ソース
　│シュレッドチーズ…60g
　│トリュフパウダー*…少量
きゅうり(細切り)…適量
*少量混ぜて味をみて、好みで足す。

作り方

1 鶏もも肉は一口大に切ってmioだれに約20分漬け込む。

2 揚げ油を170℃に熱する。1の汁気をきって片栗粉を薄くまぶしつけ、3〜4分揚げ、180℃に上げて約1分揚げ、油をきる。

3 シュレッドチーズを電子レンジで加熱して溶かし、トリュフパウダーをふって混ぜる。2を器に盛ってきゅうり、ソースを添える。

Mio LABO

串に刺すときは、長ねぎを5cm長さに切り、フライパンかグリルで焼き目をつけ、から揚げと交互に刺します。長ねぎの粗みじん切りをふって、柚子こしょうや塩、糸唐辛子を添えて供します。

麻婆焼きそば

粉山椒がきいた大人っぽい焼きそばです。トッピングはお好みで。

材料(2人分)

中華蒸し麺…2玉
豚ひき肉…100g
しょうが(みじん切り)…1かけ分
にんにく(みじん切り)…1片分
塩・こしょう…各適量
mioだれ(→p.76)…大さじ3
豆板醤…小さじ1/2
マヨネーズ…大さじ2
粉山椒…適量
ごま油…大さじ1
トッピング
　長ねぎ(みじん切り)…大さじ1
　パクチー(好みで。ざく切り)
　　…1株分
　くるみ(好みで。粗くくだく)
　　…少量
　赤唐辛子(種を除いて粗くちぎる)
　　…少量

作り方

1 フライパンにごま油を熱し、しょうが、にんにくを香りが立つまで炒める。豚ひき肉を加えて炒め、色が変わったら塩、こしょうをふって混ぜる。

2 中華蒸し麺を加えて軽くほぐし、mioだれ、豆板醤を加えて炒め合わせる。マヨネーズ、粉山椒を加えて均一に混ぜ、器に盛ってトッピングを散らす。

Mio LABO

ホムパではホットドッグ用のパンを用意して、焼きそばパンにすることも。なつかしい！とみんな喜んでくれますよ。麺の代わりに炒めたなすを入れると、変わり麻婆なすになります。

ドライカレー

スパイシーさにmioだれのコクが加わった、真夏に食べたい旨辛味。

材料(2人分)

ご飯(温かいもの)…240g
豚ひき肉…100g
A 玉ねぎ(みじん切り)…1/4個分
　しょうが(みじん切り)…1かけ分
　にんにく(みじん切り)…1片分
塩・こしょう…各少量
mioだれ(→p.76)…大さじ2 1/2
カレー粉…小さじ1
エシャレット(みじん切り)…1本分
オリーブ油…大さじ1
トッピング
　マッシュルーム(白)…1個
　レモン汁…小さじ1/2
　オリーブ油…小さじ1/2
　塩・こしょう…各少量
　セロリの葉(みじん切り)…少量
　フライドオニオン…少量
　赤唐辛子(種を除いてちぎる)…少量
目玉焼き…1個

作り方

1 フライパンにオリーブ油を熱し、Aを炒める。香りが立ったら豚ひき肉を加えて炒め、色が変わったら塩、こしょうをふって混ぜる。

2 ご飯を加えて均一に炒め合わせ、mioだれ、カレー粉の順に加えてそのつど炒め合わせる。火を止めてエシャレットを加え混ぜ、器に盛る。

3 トッピングのマッシュルームは薄切りにしてレモン汁、オリーブ油、塩、こしょうをからめ、2にのせ、セロリの葉、フライドオニオン、赤唐辛子を散らし、目玉焼きをのせる。

味が決まるから手軽に一品追加できる **お気に入り調味料** どんな食材でもワンランクアップさせてくれます。

トリュフ塩
トリュフパウダー
トリュフ塩は岩塩に乾燥トリュフが混ざったもの。トリュフパウダーは風味が豊かで塩味が薄いのが特徴。

Spices

クレイジーソルト
岩塩にこしょう、玉ねぎ、にんにく、タイムなど6種のスパイスとハーブを混ぜた食欲をそそるミックススパイス。

ペペロンチーノ
パウダー
岩塩、赤唐辛子、にんにくなどをブレンドしたピリ辛のミックススパイス。

✦ 使い方いろいろ

トリュフ塩・トリュフパウダー

野菜、肉、魚などどんな素材も焼いてふるだけで極上の味に。そのほかポテトサラダ、フライドポテト、ポテトチップス、オムレツ、温野菜にもよく使います。ソースやドレッシングの風味づけにも。塩味をつけたくないときはトリュフパウダーが便利。

湯葉にトリュフ塩をふってライムをギュッ！ それだけで白ワインに合う一品に。

トリュフパウダーをふると、卵かけご飯もよそゆきに。

クレイジーソルト

とにかく使用頻度が高く、しょっちゅう登場します。こちらとオリーブ油だけでも豚肉や鶏肉、野菜がおいしく食べられます。

ペペロンチーノパウダー

パスタ用にはもちろん、ピリ辛にんにく風味に仕上げておいしいものならなんでも合います。鶏肉のソテーやチャーハン、魚介のソテーにも。

米なすにオリーブ油とクレイジーソルト、ローズマリーをのせてオーブン焼きに。

サラダチキンと白菜などを炒め、パウダーで味つけ。水溶き片栗粉でとろみをつけます。

鍋を囲んでわいわい

同じお鍋を囲むだけで、人との距離がグッと近くなりませんか？　ホムパに鍋料理を取り入れると、下準備がラクになるだけではなく、会話も増えてゲストのかたにも楽しんでもらえます。だし汁にはこだわりますが、どれもコトコト火を入れてしっかり旨みを出すだけ。いろいろな薬味を用意し、ざるや竹筒で雰囲気を出せば大成功です。

NABE

IDEA 27

シュワシュワの泡で盛り上げる

スパークリングワイン鍋

ゲストの前で注ぐと絶対「おー!」という歓声が上がります。

材料(3〜4人分)
あさり(殻付き)…1kg
豚しゃぶしゃぶ用肉*…300〜400g
スパークリングワイン(辛口)
　…1本(750㎖)
エシャレット(薄切り)…4〜5本分
長ねぎ(斜め薄切り)…½本分
塩・こしょう…各適量
トリュフパウダー(好みで)…適量
*ロース肉、ばら肉などお好みで。

作り方

1 あさりは海水程度の塩水(3%)に浸し、冷暗所で2〜3時間砂抜きする。こすり洗いして汚れを取る。

2 土鍋にあさりを入れてテーブルにセットし、火をつけてスパークリングワインを注ぎ入れる。しっかり煮立たせてアクが出たらすくう。

3 エシャレット、長ねぎを加え、塩、こしょうで味をととのえる。豚しゃぶしゃぶ用肉をスープにくぐらせて火を入れ、好みでトリュフパウダーをふって食べる。

 Mio LABO

ワインは1000円台のもので充分です。グツグツ煮てアルコール分を飛ばしてください。しめはぜひリゾットに。生クリーム¾カップを加えて弱火で温め、ご飯を加えてとろりとしたら、パルミジャーノ・レッジャーノチーズのすりおろしを好みの量散らして混ぜます。

IDEA 28

薬味は肉で巻いて一口で

しじみだしの豚しゃぶ

しじみの旨みをしっかり味わうシンプル豚しゃぶは薬味で楽しんで。

材料(3〜4人分)
しじみ(殻付き。あさりでも可)…1kg
豚ばらしゃぶしゃぶ用肉…300〜400g
大根…1/3本
きのこ類(しめじ、しいたけなど)…200g
だしパック*…1袋
水…約8カップ
塩・こしょう…各適量
薬味
　青じそ(細切り)、みょうが(輪切り)、しょうが(細切り)、ライムの皮(せん切り)、梅干し(軽くたたく)、柚子こしょう…各適量

＊我が家では茅乃舎の焼きあご入り「茅乃舎だし」を使用。通常のだしをとるときは水400mlに1袋を使う。

作り方

1 しじみは海水程度の塩水(3%)に浸し、冷暗所で2〜3時間砂抜きする。こすり洗いして汚れを取る。大根はピーラーで薄く削る。

2 鍋に1のしじみを入れ、だしパック、水を加えて火にかける。沸いたらだしパックを取り出して、アクをすくいながら弱火で1時間煮る。水が減ったら常にひたひたになるように足す。塩、こしょうで味をととのえる。
◦最低20分でも食べられますが、しじみの旨みを出しきるには1時間くらいが理想です。

3 大根、きのこ類を加えてさっと火を通し、豚ばらしゃぶしゃぶ用肉をだし汁にくぐらせて火を入れる。薬味をのせて食べる。

しゃぶしゃぶした豚肉は広げてお好みの薬味をのせ、くるくると巻いて一口でどうぞ。

IDEA 29
鍋を副菜感覚で

あさりと昆布だしの大根しゃぶしゃぶ

野菜鍋は女子会で大人気。簡単に用意できてしみじみおいしい。

材料(3〜4人分)
あさり(殻付き。大粒)…1kg
大根…1/4本
にんにく…1片
昆布…10cm
水…7〜8カップ
ポン酢しょうゆ…適量
薬味
　わけぎ(小口切り)、みょうが(せん切り)、
　青じそ(せん切り)…各適量

作り方
1 あさりは海水程度の塩水(3%)に浸し、冷暗所で2〜3時間砂抜きする。こすり洗いして汚れを取る。大根はピーラーで薄く削る。

2 鍋に1のあさりを入れ、にんにく、昆布、水を加えて火にかける。沸騰直前に昆布を引き上げ、軽く沸かしてアクをすくいながら弱火で1時間煮る。途中水が減ったら常にひたひたになるように足す。
◎最低20分でも食べられますが、あさりの旨みを出しきるには1時間くらいが理想です。

3 1の大根はしゃぶしゃぶの要領で火を入れ、ポン酢しょうゆと薬味で食べる。

Mio LABO

翌日は残ったスープでゆっくりコトコトおかゆを炊きます。あさりと昆布のおだしがじんわり体にしみてポカポカ温まります。

あさりはしっかり煮て旨みを出しきってね。
鍋の後のスープは飲んでもおいしいよ！

IDEA 30

ざるや竹筒で見栄えよく

鶏つくね鍋

スープに好みでおろしたにんにくとしょうがを加えても美味。

材料(4〜5人分)

鶏もも肉(ぶつ切り)…200g
鶏ひき肉…380g
A 長ねぎ(みじん切り)…2/3本分
 しょうが(すりおろし)…1 1/2かけ分
 にんにく(すりおろし)…1 1/2片分
 片栗粉…大さじ1 2/3
 塩…小さじ2/3
 こしょう…適量
にら(6cm長さに切る)…1束分
もやし…1袋
白菜(ざく切り)…3〜5枚分
きのこ類(しいたけ、えのきたけ、しめじなど)
 …200g
B 昆布…10cm
 水…7カップ
C 鶏がらスープの素…大さじ5
 塩…小さじ1
 酒…大さじ2
 しょうゆ…大さじ1

作り方

1 土鍋にBを入れて中火にかけ、沸騰直前に昆布を引き上げる。鶏もも肉、Cを加えて沸かす。アクが出たらすくう。

2 ボウルに鶏ひき肉、Aを入れてよく練り混ぜる。2/3量はスプーンなどですくって、**1**に落とし入れる。残りの肉だねは竹筒に入れる。

○ しょうがやにんにくなど香味野菜の入った肉だねからもだしが出ます。

3 沸いたら野菜やきのこ類を加えて火を通して食べる。途中で**2**の竹筒から肉だねを少量ずつ落とし入れる。

Mio LABO

肉だねが余ったら、翌日青じそで包んで揚げると、また違った一品になりますよ。

ざるや竹筒を使うとグッと雰囲気が出ます。ホムパにはとくにおすすめ。

Mio LABO

おもてなし術 ❸

ホムパを盛り上げる ライブ感

かしこまった食事もいいのですが、せっかく我が家に来てくださったのですから、リラックスしてその空間を楽しんでほしいと思います。料理を供するときも、考え方次第でテーブルが盛り上がり、一体感が出ます。オーブンから出し立ての料理は天板のまま、パチパチ焼き立ての音、香ばしい香りも含めてライブ感たっぷり。仕上げは思い切ってゲストのかたにお願いすることも。混ぜておいてねというと、「キャーこぼれそう!」なんてわいわい盛り上がり、ゲストどうしも仲よくなれます。お行儀よく座っているよりも、断然楽しく始められますよ。

Mio LABO

おもてなし術 ❸

ホムパが盛り上がるちょっとした趣向

シャンパンやワインに
金粉を浮かべると
一気に気分が上がります！

野菜のグリルは天板のまま
テーブルへ運ぶと、
あつあつをハフハフ食べてもらえます。

シュワシュワの泡に視線が釘付け。
スパークリングワイン鍋(→p.86)に
大盛り上がり。

層になったポテサラ(→p.40)は
ひとしきり眺めてもらってから、
さあ誰が混ぜます!?

はちみつはかけ立てのほうが
光っておいしいそう！
お子さんでもできます。

便利な手作り食品

一度にたくさんの料理を作るのはやっぱり大変。でも使い回しのきく食品を手作りしておくと、パパッとおしゃれな一品ができます。玉ねぎのマリネやピクルスはそのままでも、ほかの食材と組み合わせても美味。トマトの旨みが詰まったジャムはお土産にも喜ばれます。ホムパ以外に朝食やランチにも大活躍で、あっという間になくなります。

STOCK

IDEA
31

ライムをきかせて大人味に

玉ねぎのマリネ
付け合わせに、サラダに、ソースにと和洋中のどんな料理にも合います。
マリネした玉ねぎのまろやかな辛みにライムのほろ苦さが印象的な味わいです。

玉ねぎのマリネ

材料(作りやすい量)
玉ねぎ…大 1½個
A ホワイトバルサミコ酢…大さじ3
　オリーブ油…大さじ3
　ライムの搾り汁*…大さじ1
　砂糖…大さじ1
　塩…小さじ¼
　こしょう…少量
＊レモンでも可。さわやかな仕上がりになる。

作り方
1 玉ねぎはスライサーで薄切りにし、水に浸してさらす。水分をしっかり絞る。
2 ボウルにAを合わせて混ぜ、**1**を加えてよく混ぜる。保存容器に入れ、一日1回混ぜながら2〜3日間おく。
○冷蔵で約1週間もちます。長くおくと水が出てくるので、水分を捨てて塩で味をととのえてください。

玉ねぎのマリネで…

生ハムと玉ねぎのサラダ
玉ねぎのマリネに生ハムをのせるだけ。生ハムの濃厚さを際立たせつつ、さっぱりとした後味です。白とピンクのコントラストもきれいで、急なお客さまでもあわてず準備できます。

付け合わせ
カフェ風のおしゃれなワンプレートごはんの付け合わせに。箸休めとしてさっぱりと食べられます。肉や魚のソテーに添えたり、アンチョビを混ぜてソースにしたりしても。朝食にも重宝します。

ホットドッグ
ホットドッグ用のパンの切り口にバターを塗り、キャベツのソテー、ソーセージ、玉ねぎのマリネをのせます。玉ねぎの食感と味わいがアクセントに。大人はマスタードをプラスするとよりおいしい。

IDEA 32
漬ける姿も美しく

ピクルス

そのまま食べても、刻んで薬味にしてもおいしいピクルス。酸味をきかせすぎず、食べやすい味です。縦長の野菜はまっすぐ立てて漬けると冷蔵庫に並ぶ様子もきれい。

ピクルス液

材料(作りやすい量)
酢…150mℓ
水…400mℓ
にんにく(つぶす)…1片
ローリエ…1枚
赤唐辛子(種を除く)…1本
砂糖…大さじ2
塩…小さじ1½
黒こしょう…少量
オリーブ油…小さじ1

作り方
ピクルス液の材料をすべて鍋に入れてひと煮立ちさせ、冷ます。準備した野菜を保存容器に入れ、ピクルス液を注ぐ。

● 半日後から食べられます。冷蔵で約3日間もちます。ピクルス液は市販のピクルス用調味液1カップにローリエ1枚、赤唐辛子1本でもOK。

野菜の準備

すべてよく洗い、しっかり水気を拭き取って乾かす。保存容器の大きさに合わせて切る。

[みょうが] 縦半分に切る。
[パプリカ] 縦1cm幅に切る。2色用意するときれい。
[きゅうり] 長さをそろえて縦4等分に切る。
[プチトマト] へたは取る。ディル(生)少量を一緒に漬ける。
[青唐辛子] へたを切り落とす。ピクルス液1カップに対してしょうゆ小さじ1を加えてひと煮立ちさせる。みじん切りにしてチャーハンや餃子のあんに入れるとピリリとおいしい。
[枝豆] 固めに塩ゆでし、しっかり水分を乾かす。皮ごと漬け込む。

Mio LABO

このほかセロリやオクラ、カリフラワーなどもおすすめ。カリフラワーはピクルス液1カップにカレー粉小さじ1を入れてひと煮立ちさせ、カレー風味にしてもおいしい。

左から/みょうが、パプリカ、きゅうり、プチトマト

青唐辛子

枝豆

STOCK

IDEA 33

ひと晩おいてじっくり乾燥させる

トマトのオリーブ油漬け

トマトの凝縮した旨みに、オリーブ油のさわやかなコクが加わって極上の味わい。
バジルと一緒にパンにのせたり、パスタに混ぜたり、魚介と和えたりと万能です。

トマトジャム

アメリカの友人が作ったものがおいしくて、自分でも作ってみたのが始まりです。
トマト特有の青臭さが抜け、フレッシュな甘みが生きます。サワークリームと好相性。

IDEA
34
旨みの強い皮ごと煮る

トマトのオリーブ油漬け

材料(作りやすい量)
プチトマト…小50個
オリーブ油*…250〜300mℓ
★トマトがすべて浸る量。保存容器の大きさにもよるので、多めに用意する。

作り方

1 オーブンは120℃に予熱する。プチトマトは縦半分に切って切り口を上にして天板に並べ、40〜60分焼く。水分が飛んで、皮にしわがよったら取り出して裏返し、再び40〜60分焼く。全体にしわがよったらオーブンから出す。

・トマトの大きさや熟し具合によって焼き時間が異なります。40分を過ぎたら様子を見ながら焼いてください。

2 再び裏返して常温でひと晩おく。

3 保存容器に移し、トマトが浸るようにオリーブ油を注ぐ。

・オリーブ油に完全に浸かった状態で約3週間もちます。

写真左は焼き上がった直後、右はひと晩おいたもの。

トマトのオリーブ油漬けで…

トマトそうめん

そうめんを冷製パスタ風に仕上げます。そうめんをゆでてオリーブ油をからめ、にんにくチップ、オニオンチップ、トマトのオリーブ油漬け、バジル、クレイジーソルトを混ぜてブッラータチーズを添えます。

たことオリーブのトマト和え

トマトのオリーブ油漬け、生のたこ、オリーブ、クレイジーソルトを和えてディルをのせます。

トマトジャム

材料(作りやすい量)
プチトマト…750g
砂糖…180g
シナモンパウダー…小さじ½
塩…ふたつまみ

作り方
すべての材料を鍋に入れ、弱火でグツグツ1時間半ほど煮込む。ぽってりとジャム状になったら火を止めて冷ます。
○冷蔵で約2週間もちます。

ブルスケッタ2種の盛り合わせ

パンにトマトジャムとサワークリームをのせたものと、ガーリックトーストにバジル、トマトのオリーブ油漬け(→p.106)をのせて塩をふったものを盛り合わせます。甘いのとしょっぱいのを交互に食べると止まらないおいしさです。

ジャムを新聞バッグに入れてお土産に

小さな瓶に詰めてリボンをかけ、ごはんを食べに来てくれた友人へのお土産に。サワークリームやパンとともに手作りの新聞バッグに入れて差し上げます。新聞バッグは取材で訪れた東北で習ったもの。大きさもいろいろ、取っ手付きなどさまざまなタイプを作ります。

IDEA 35

シロップ漬けなら短時間で完成

フルーツのシロップ漬け

**本来は氷砂糖でじっくり漬けますが、すぐに使いたいのでシロップ漬けにします。
日もちは短くなりますが、手軽に作れてどんどん使えます。**

ヨーグルトに入れたり、スムージーにしたり楽しみかたいろいろ。
その他の食べ方は110ページをご覧ください。

IDEA 36
ざるでナッツの皮を取り除く

ナッツのはちみつ漬け
香ばしさとコクのある甘美な味わい。
チーズと合わせて赤ワインのお供に、ヨーグルトやアイスのトッピングにぴったり。
ざるでふるうひと手間で美しい仕上がりになります。

フルーツのシロップ漬け

材料(作りやすい量)
シロップ
|　水…400㎖
|　白ワイン…100㎖
|　砂糖…280g
キウイ…2個
いちご…10〜12粒
パイナップル…250g

作り方
1 鍋にシロップの材料を入れて煮立て、砂糖を溶かして冷ます。

2 フルーツを食べやすい大きさに切ってそれぞれ保存容器に入れ、シロップをかぶるくらい注ぎ、冷蔵庫にひと晩おく。
○翌日から食べられ、冷蔵で約1週間もちます。シロップにフルーツを入れて煮詰めるとジャムになります。

✚ 食べ方いろいろ
シロップ漬けに牛乳とヨーグルトを半々入れてミキサーで混ぜるだけでスムージーに。このほかソーダに入れたり、アイスクリームに添えたり、刻んでマスカルポーネチーズに混ぜてデザートにしたりと大人も子どもも楽しめます。

ナッツのはちみつ漬け

材料(作りやすい量)
素焼きのミックスナッツ…100g
はちみつ*…約150㎖
★クセのないものがおすすめ。好みのものでも可。

作り方
1 素焼きのミックスナッツをざるに入れてふるい、細かい皮を取り除く。

2 1を保存容器に入れてはちみつを加え、1週間ほどおく。
○保存容器を煮沸消毒して完全に乾かせば、常温で約10か月間保存可能です。

✚ 食べ方いろいろ
ヨーグルト、アイス、カマンベールチーズやブルーチーズ、パンなどとともにどうぞ。食べる分だけ取り出して、しょうがの細切りまたは粗びき黒こしょうを合わせると、甘みがピリッと締まって美味。ホールのクローブとともに漬け込むと甘い香りがつきます。

シロップ漬けのフルーツをシャンパンに浮かべてウェルカムドリンクにするときれいだよ。

おわりに

母はいつだって家族の前で太陽のように笑っていたいものです。
でも泣きたいときだってベッドから出たくないときだってあります。
母も完璧ではないのです。

刺激的な外食も楽しいけれど、
「ただいまー!!」「おかえりー!!」
この何気ないやりとりがいちばんの贅沢だと思っています。
毎日の食卓に笑いがあるように、これからも母は手抜きだってするし、お酒も一人の時間も楽しもうと思っています。

難しい料理ではなくても不揃いの器でバランスを崩してみたり、線を意識したテーブル作りをしてみたり、ちょっとした工夫だけで手抜きだったはずが華やかになり、でもどこか心安らぐ温もりは残ったままで…
これは外食ではなかなか感じられないことなのかなと思っています。

我が家に遊びに来てくださるゲストの皆さまにも家族のようにくつろいでほしいから、私は皆さまがいらっしゃるときはキッチンには立ちません。
ホストがキッチンに立っていればゲストの皆さまは気を遣います。
だから「準備は事前にテキパキと」です。

な〜んてかっこよく言っていますが、ただ私もゲストの皆さまと一緒に楽しみたいだけです(笑)。

20年前、目玉焼きも焼けなかった私を料理本を出版させていただけるまでに成長させてくれた家族と友人に感謝を込めて。
そして私が大ファンであるイラストレーターの緒方環さん。突然のお願いにもかかわらず、快く描いてくださってありがとうございました。

お力添えいただいたすべての皆さまに心より感謝申し上げます。

皆さまの食卓が1日でも多く
#食卓に笑いあり
でありますよう願いを込めて…

松井美緒

松井美緒 まついみお

新潟県出身。1998年タレントとしてテレビ、CMを中心に活動。25歳で結婚し、15年ほど家庭に専念。19歳の娘、11歳の息子の母であり、夫は元メジャーリーガー、埼玉西武ライオンズ二軍監督(2019年現在)の松井稼頭央氏。結婚するまで目玉焼きも焼けなかったが、数々の料理本を教科書に独学で料理を習得し、夫・稼頭央氏の夕飯は必ず15品以上並べる。既成概念にとらわれないアイデアとセンスで、ふだんのごはんをおもてなし料理にグレードアップさせる技は見事。大のワイン好き。手芸等の手仕事が好きで、本書で着用している3wayエプロンも自身のプロデュースによるもの。

https://miomatsui.com/

ブックデザイン　若山美樹　佐藤尚美(L'espace)
写真　松井美緒
撮影　西山 航(世界文化社)
イラスト　緒方 環
ヘアメイク　室橋佑紀
レシピ校正　りんひろこ
編集　井伊左千穂
校正　株式会社円水社

おいしい！とホムパで評判のレシピ
松井家のおもてなしごはん

発行日　2019年5月25日　初版第1刷発行
　　　　2019年8月20日　　第2刷発行

著　者　松井美緒
発行者　今井朗子
発　行　株式会社世界文化社
　　　　〒102-8187
　　　　東京都千代田区九段北4-2-29
　　　　Tel 03-3262-5111 (代表)
　　　　　　03-3262-5115 (販売部)

印刷・製本 凸版印刷株式会社
DTP製作　株式会社明昌堂

©mio matsui,2019.Printed in Japan
ISBN978-4-418-19316-5

無断転載・複写を禁じます。定価はカバーに表示してあります。
落丁・乱丁のある場合はお取り替えいたします。